Ese Libro de Niños
SOBRE ACEITES ESENCIALES

Escrito por Jackie Kartak
Ilustrado por Jaclyn Thompson

Derechos de autor © 2019 Essentially Strong LLC
Todos los derechos reservados
Escrito por: Jackie Kartak
Ilustrado por: Jaclyn Thompson
ISBN: 978-1-7339972-1-8
Número de control de la Biblioteca del Congreso: 978-1-7339972-0-1
Editado por: Steve Kimbrell
Inspirado por: Emma Y Abby Kartak
Traducido por: Daniel y Brittni Cuevas
Fotografía en la contraportada del libro tomada por "Bella Charee Photography"
ThatKidsBook.com

Establecido en 1994, Young Living es el líder mundial en Aceites Esenciales de grado terapéutico. El compromiso a su marca Semilla al Sello en todas sus granjas y granjas asociadas tiene los más altos estándares de cultivo, cosecha y destilación, y no es superado por ninguna otra empresa de aceites esenciales. ¡BOOM!

Cualquiera puede conocer, visitar e incluso trabajar en las granjas de Young Living para verificar todos los aspectos del proceso Semilla al Sello. Este proceso nos permite utilizar los aceites de forma aromática, tópica e interna. Todos merecen una vida llena de bienestar, propósito y abundancia. ¡Nuestra visión es llevar los beneficios (que cambian vidas) de los aceites más puros a todas las familias del mundo!

Cómo Usar los Aceites Esenciales
Puedes acceder al poder de los aceites esenciales a través de la difusión aromática, la aplicación tópica y el consumo alimenticio "Vitality".
- Ten siempre un aceite portador (V6, aceite de oliva, coco, aguacate, jojoba) disponible en caso de molestia o irritación en la piel.
- Evita usar los aceites esenciales junto con productos a base de petróleo para el cuidado de la piel y el cuerpo.
- Evita el uso de aceites cítricos a la luz directa del sol, como pomelo, limón, bergamota, naranja, Citrus Fresh, etc.
- Evita untar aceites esenciales cerca o dentro de los ojos, y dentro de los oídos.
- Los "aceites calientes" generalmente tienen un alto contenido de fenol, como el orégano, la canela, el tomillo y Thieves (Ladrones). Úsalos con precaución y un aceite portador.
- No agregues aceites esenciales directamente en el agua del baño sin diluir, usa la base de gel de baño Young Living o el jabón de castilla como agente dispersante.

Instrucciones de Seguridad para utilizar Aceites Esenciales de Grado Terapéutico Puro
Usa tu mejor juicio en aplicar aceites a tus hijos. En caso de duda, utiliza esta tabla de dosis recomendada.
Edades 0 a 1: agrega 7-8 gotas de aceite portador a 1 gota de aceite esencial
Edades 2 a 6: agrega 3 gotas de aceite portador a 1 gota de aceite esencial
Edades 7 a 11: agrega 1 gota de aceite portador a 1 gota de aceite esencial
A partir de los 12 años: puedes usar la concentración normal.

Dedicación

Escribí este libro para mis niñas y para ayudar a todas las familias aceiteras a entender mejor la vida saludable que los aceites de Young Living ofrecen. Muchas gracias a mi mamá por invitarme a este viaje genial de bienestar y a mi esposo por saltar a bordo conmigo a criar a nuestras niñas en salud. Gracias a mi papá por animarme a seguir mi pasión de escribir. Siempre escucho tus palabras de aliento. Un agradecimiento especial a Mary Young y su familia por continuar la misión de vida de Gary. - Jackie Kartak

Gracias a mis papás, Alan y Elaine, por todos los sacrificios que han hecho por nuestra familia. Sus sacrificios han tenido un impacto duradero en quien soy hoy y en quien intento convertirme. Gracias por ayudarme a alcanzar mis metas y avanzar hacia el futuro, y por apoyarme siempre en mis pasiones de creatividad. Gracias a la familia Kimbrell, Austin, Steve y Stacey por introducirme a los Aceites Esenciales Young Living. Gracias por su gran generosidad en compartirlos. Y más importante, gracias por creer en mí y por alentarme a usar mis dones y talentos para crear las ilustraciones de este libro. Me han dado la confianza para seguir dibujando. - Jaclyn Thompson

Los aceites esenciales no son solo míos.
Te enseñaré cuán simple puede ser para adultos y niños.
La misión de Gary Young fue destilar aceites esenciales
para nuestra salud completar.
Son el eslabón perdido para el bienestar
y a tus amigos impresionar.

Utilizamos los aceites todas las noches y cada día.
"¿Cómo lo hacen?", algunos preguntarían.
Te enseñaré cuán fácil es de estas tres formas como base.
Úsalos continuamente.
Los aceites no son solo una fase.

Han existido por miles de años.
Algunas personas los usan
para conquistar sus miedos más extraños.
La primera forma para utilizarlos es difundirlos en el aire.
Los usamos durante el yoga, la meditación
y aún en oración a Dios padre.
El difusor trabaja a lo largo del día
para mantener nuestros sistemas sanos y con energía.

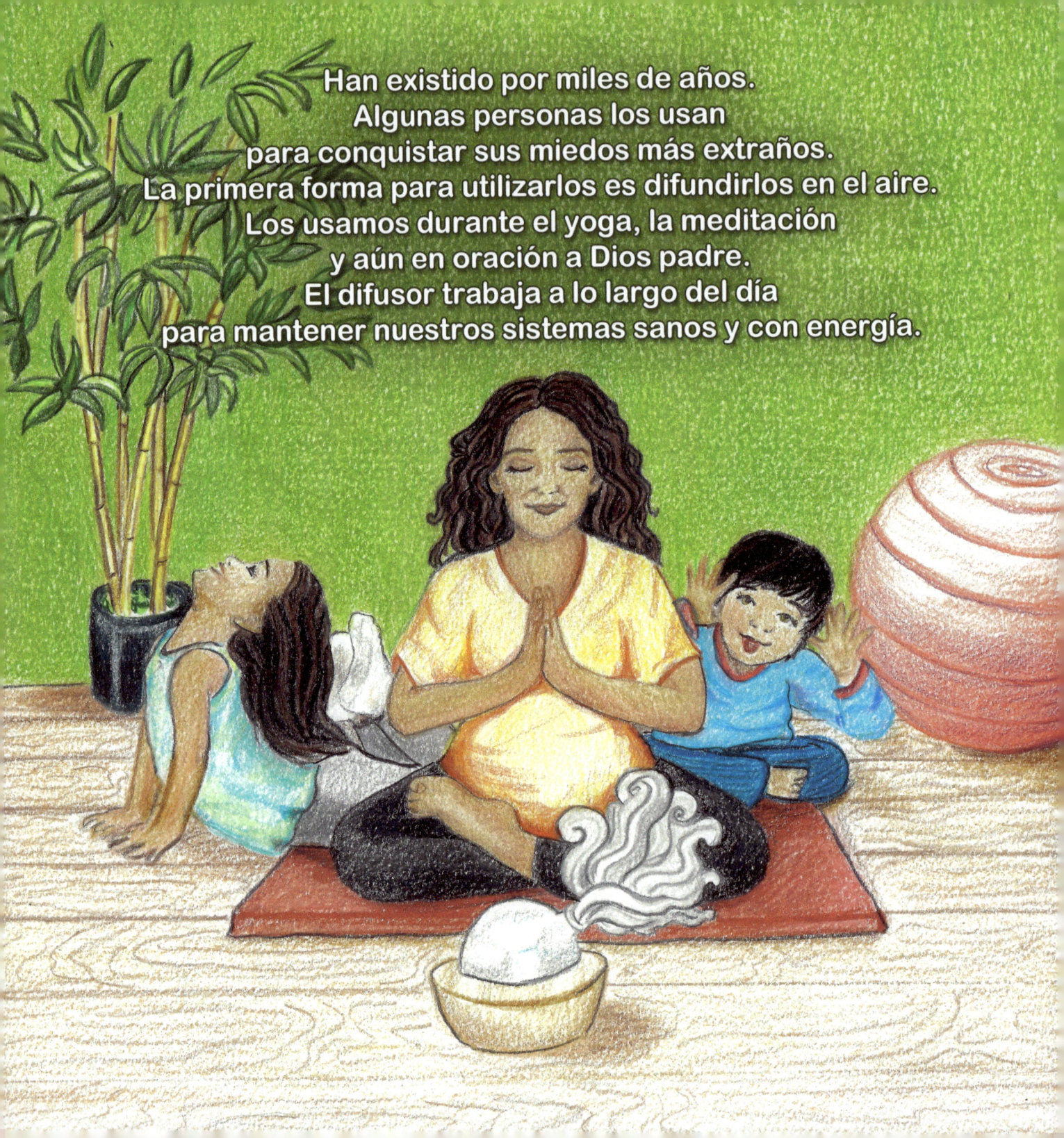

A la hora de dormir, difundimos lavanda,
es básico en nuestro hogar.
Nos hace dormir a todos, como bebés descansar.
Nos echamos una o dos gotas de Incienso arriba en la cabeza
antes de irnos a dormir y soñar con simpleza.

Lo que me lleva a la segunda razón,
los usamos tópicamente durante cada estación.
Aplicamos directo en la piel unas gotas.
Mezclado con aceite portador, no irrita ni a tus mascotas.

Usamos la crema para el dolor de músculos seguido.
Especialmente después de un día largo y divertido.
Usamos los aceites para un masaje de pies,
piernas, brazos y espalda.
No toma mucho tiempo y de verdad que hace falta.

La última forma de usar los aceites es ingerirlos.
¡Tómalos ya y no tardes en compartirlos!
Hasta crearon aceites "Vitales"
especialmente para poderlos tomar.
Los usamos para darle sabor
a las verduras y nuestra carne devorar.

Son muy sabrosos cuando los tomamos con agua natural.
Agua de Canela y Naranja es nuestra receta especial.
Sabe mucho a refresco
pero no te pica los dientes ni te hace sentir grotesco.

Cada mañana pedimos nuestro NingXia Red tomar.
Lo bebemos cada día tan pronto nos levantamos a desayunar.
Gomitas y NingXia congelados
son perfectos para un postre especial.
Ningún jugo se compara, no hay nada igual.

Acuérdate que nuestros bebés son preciosos
y estarán aquí un buen rato.
Entonces tómate el tiempo
para leer etiquetas de productos y no compres barato.
Usa la línea de productos Seedlings para cuidar sus pompas.
Usa el protector solar que cuida sus caras,
brazos y hasta sus trompas.

A los niños les encanta jugar con los aceites y ser incluídos.
Así es que compra la línea
de aceites KidScents que vienen ya diluídos.
Algunos adultos los usan más que nosotros los niños.
Pronto los amarás tanto como recibir cariños.

Saltamos en charcos pero a veces nos ensuciamos con lodo.
Terminamos salpicando con burbujas de KidScents todo.
El champú nos ayuda a quedar limpiecitos.
Es muy divertido, me enjabono incluso mis deditos.

Hay tantas cosas que compartir contigo, no puedo parar.
Hay tantos otros productos fabulosos en la tienda para regalar.
Hay jabones, botanas, maquillaje, vitaminas y hasta sartenes.
En poco tiempo tus amigos amarán todos los aceites que tienes.

Una línea favorita de muchos se llama "Thieves" o "Ladrones".
Es una mezcla especial para limpiar, dile adiós a tus otros jabones.
Desde limpiar el lavabo, los pisos, las superficies y las paredes.
Es seguro rociar cerca de los niños,
hasta limpiar sus juguetes puedes.

El limpiador doméstico es perfecto
para limpiar todos nuestros juguetes.
Y es aún mejor para limpiar zapatos
y eliminar los olores más exigentes.
Nuestra familia usa el jabón Thieves
para lavar playeras y pantalones.
Es hecho a base de plantas y es bueno
para limpiar tus calzones.

Compramos solo de las granjas de Young Living que visitan miles
para ver crecer la planta de menta que usan
en los productos de enzimas infantiles.
Además de la pasta de dientes que puedes tragar y sabe deliciosa.
Solemos tragar más de la debida,
pero no hay peligro por que no es venenosa.

No creerás que todavía hay más.
De verdad es algo que tu familia no dejará de adorar jamás.
Toallitas húmedas, champús, cremas y bombas de baño.
Nos satisfacen a todos los niños saludables
y a nuestras madres cada año.

Tenemos que mencionar a papá
porque se cansa y tiende a bostezar.
Le damos NingXia Red,
un Nitro y un Zyng para ayudarle a trabajar sin cesar.
Shutran es una excelente opción,
hay una crema para afeitar y también una loción.
¡Te encantará visitar las granjas, te llenarás de emoción!

Hemos aprendido mucho de los aceites y cuán útiles son.
Asegúrate de llevarlos contigo en cualquier viaje o excursión.
Úsalos diariamente para mantenerte saludable y lleno de alegría.
Luego usa las botellas vacías como juguetes para la tina.

En el trabajo, en la casa, en el parque, o de viaje.
Los aceites son tan buenos
que los querrás llevar en tu equipaje.
Son seguros y puros desde la Semilla al Sello.
Los aceites Young Living son realmente bellos.
Sin químicos, toxinas o reacciones que te espanten.
Solamente la pureza de los aceites
para que tus sueños se adelanten.

Sobre la Autora

Jackie se enamoró del tema de salud en el 2010 cuando su mamá la introdujo a los poderes de los aceites esenciales. Su pasión creció y se sintió llamada a compartir este tipo de vida saludable con cualquiera que la quisiera escuchar. Se graduó con un título en comunicación y una especialidad en escritura creativa, desde entonces ha construido su negocio con aceites esenciales. Su negocio le ha permitido quedarse en casa a ser mamá como siempre lo había soñado. La escritura ha sido parte de un proceso continuo en su vida y tiene planes de continuar usándola para compartir el viaje en el que ella y su familia se encuentran, y así crear más Bienestar, Propósito y Abundancia en el mundo.

Sobre la Ilustradora

Jaclyn empezó a dibujar antes de entrar al kínder. Su hermano mayor, Alex, le llevaba a casa libros de "Como Dibujar Animales" (la mayoría eran de caballos y perros) desde la biblioteca de la escuela cada semana. Jaclyn ha apreciado y desarrollado sus dones de creatividad que Dios le dió, estos han crecido a ser una de sus pasiones más grandes. Las ilustraciones en este libro se han creado usando lápices de colores. A pesar de que Jaclyn tiene entrenamiento de Técnica Mixta de dibujo, su herramienta favorita son los lápices de colores porque le encanta como se ven y se mezclan todos. Jaclyn dice, "¡Es mi parte favorita del proceso!".